Santos Duval

Peintre et poète,

Cancer, ascendant Lion, tigre chinois au jeu d'enfant, il a fait bien des métiers, connu bien des aventures, entre soleil et éclipses.

Créateur polymorphe, il voyage toujours entre poésie et peinture, entre transcendance et fulgurance, entre instinct et instant.

Porte-parole d'un monde de signes, d'élans et d'émotions, de fantasmes et de provocations, chantre du désir et du désordre, il crée comme il vit, comme il vibre, dans la perpétuelle recherche du plaisir et du sens.

www.santosduval.com

Illustration de la couverture
« Nymphéas »
Œuvre de Santos Duval

Santos Duval Editeur éxecutif
ISBN 2-9521818-0-2

Santos Duval

LES PRENOMS DE L'AMOUR

- Ode à l'amour -

Avec un grand merci pour leur aide à :

Antoine Attalas,
Gérard Zaoui,
Jean-Baptiste Gouin
Michel Poitrenaud,
Sébastien Renault

« Seule l'aura de l'amour rend le désir poète.... »

Patrick Grainville – Le Paradis des Orages

A celle que j'aime,

A celles que j'ai aimées,

A celles que j'eusse aimées,

Et aux étoiles filantes dans le ciel de ma vie....

ADELINE

A vec tout ce sang-froid, craquer

D evant tant de promesses, devant

E tre ton chevalier, servant

L e bonheur dans tes yeux, traqué

I l n'existe plus rien, d'avant

N 'ai-je pas tout pour toi, plaqué

E n amoureux transi, fervent ?

AGATHE

A vec tes yeux de pierre précieuse pour moi tu es

G ravement sur mon disque dur enregistrée

A t'avouer ceci vais-je me faire huer

T ant jalouses et jaloux jalousent tous les traits

H armonieux de ta ligne; ils vont me conspuer

E t parler d'aventure quand il n'y a qu'attrait

AGNES

A utrement dit, j'aurais aimé

G oûter aux délices tant promis

N e serait ce qu'une nuit enflammer

E t brûler nos destins insoumis

S ans autre dessein que d'aimer!

AGNES

A voir ton doux sourire et l'éclat de tes yeux

G rands ouverts sur la vie, spectacle merveilleux

N e devais-je pas oser, pour espérer un jour

E tre plus qu'un ami, l'élu, l'amant ou mieux,

S ans détour, par ces mots, dévoiler mon amour !

ALDJIA

A rguments alignés dans des vers alibis

L iberté d'avouer Aimez vous mes envies

D on d'émoi et de moi aide moi sans dédit

J eux de mots, jeux de môme et moment de folie

I llusion de licence au lit sans interdit

A ccroche corps accord accorde moi ton nid

ALEXANDRA

A u long de trop d’années

L oin de toi j’étais vide

E ntièrement anne-

X é complexé et liquide

A u sexe abandonné

N évrosé de l’avide

D e l’amour condamné

R eclus de jeux stupides

A mant succédané

ALICE

A tant vouloir te dire

L es mots qui ne me sortent

I l m'a pris de t'écrire

C es vers mis de la sorte

E t qui voudraient séduire!

ALINE

A vec les yeux bandés dans le port de ta nuit

L e temps de dériver dans de vagues plaisirs

I l me vient des idées qui résistent à l'ennui

N oyées dans l'euphorie, naufragées du désir

E t que nos houles enroulent en écumes inouïes

ALINE

A peine je t'ai vue que je t'ai désirée

L 'amour n'a pas de loi et je m'y abandonne

I l n'est rien de plus beau qu'on ne prenne ou qu'on donne

N i de cruel aussi et mon cœur déchiré

E rre encore sur la plage où tu l'as inspiré

AMANDINE

A u bord du précipice, quand le vide est tout proche

M ême les bons conseils ne sont d'aucun secours.

A h! Ces mots de sagesse qui sonnent comme des reproches

N e peuvent raisonner les raisons de l'amour

D onne moi la folie, que je sois fou de toi

I l ne déplait pas de mourir sur tes lèvres

N e crains rien le bonheur est un plaisir de roi

E t le plaisir d'aimer est la plus douce des fièvres

AMELIE

A me élue de mon âme

M odèle de beauté

E ssence de la femme

L uxe de liberté

I nouïe volupté

E xquise qui m’enflamme

ANA

A u bord de la déroute

N 'existait que le doute

A vant toi sur ma route

ANAIS

A vec toi le soleil n'a qu'à bien se tenir

N e pouvant dans la nuit comme toi me séduire

A vec toi le soleil est jaloux à mourir

I l attend le matin et s'il tarde à venir

S e cache dans tes yeux pour bien mieux m'éblouir

ANGELIQUE

A vec toi j'aimerais faire tant et tant de choses

N 'en déplaise à tous ceux que les mots indisposent

G énéralement ceux-là n'en pensent pas moins

E t sur le i d'aimer, amers ne posent point!

L e temps qui court vois tu nous laisse peu de temps

I l faut se décider et s'embarquer d'instinct

Q uand les sens nous commandent et dirigent l'instant

U n désir sans limite nous dessine un dessein

E xquis et savoureux, délicieux, excitant !

ANITA

A utant risquer le tout pour le tout

N e cherche-je en toi qu'une complice

I l n'est de désir que désir fou,

T out envie sans écho est supplice :

A utant se perdre pourvu qu'on joue!

ANNA

A u bord de la banqueroute

N ée d'un coeur en déroute

N 'existait que le doute

A vant toi sur ma route

ANNABELLE

A ux raisons de l'amour, j'oppose le désir

N 'en déplaise à tous ceux qui vivent consignés

N 'en déplaise à tous ceux qui vivent résignés

A ux raisons du devoir, j'oppose le plaisir

B risons donc le miroir où réfléchit l'ennui

E t vivons d'éphémères instants d'éternité

L e temps de peindre en rose de bien trop blanches nuits

L e temps d'aimer l'amour le temps d'en profiter

E t de dire que l'on s'aime ce qui jamais ne nuit

ANNE

A te voir si souvent sans oser te draguer

N e pourrais tu un jour te lasser de m'attendre

N e devrais-je te dire, tout en semblant blaguer -

E t mon envie de toi, et celle d'être tendre

ANNE-MARIE

A te voir si souvent sans oser te draguer

N e pourrais tu un jour te lasser de m'attendre

N e devrais-je te dire, tout en semblant blaguer -

E t mon envie de toi, et celle d'être tendre

M ême si je devais te le dire avec des fleurs

A vec des rimes, avec des mots, avec des larmes

R ien ne m'arrêterait, ni les "non", ni les pleurs

I l faut bien que tu saches que mon coeur ne désarme

E t qu'il espère un "oui" en attendant son heure!

ANNE-SOPHIE

A u temps jadis je t'eus aimé d'amour courtois

N e t'offrant que des vers des poèmes ou des mots

N 'ayant pour horizon pour seul monde que toi

E t sans oeuvre de chair pour apaiser mes maux

S entiments et désirs ne reflètent que manques

O n ne sait que le corps pour pouvoir les combler

P eur de soi peur de l'autre ? Faisons sauter la banque

H ardi soit le plaisir, ardent profond complet

I nventons le parcours d'un amour saltimbanque

E n criant sur les toits qu'on se veut qu'on se plait

ANNIE

A te voir si souvent sans oser te draguer

N e pourrais tu un jour te lasser de m'attendre

N e devrais-je te dire, tout en semblant blaguer -

I l faut parfois risquer le chaos pour s'entendre -

E t mon envie de toi, et celle d'être tendre

ARMELLE

A utrement je voudrais tant t'aimer autrement

R ésister au regard de tes yeux qui me touchent

M ourir dans le parfum effaré d'un tourment

E t renaître épuisé d'avoir baisé ta bouche

L 'amour qui nous ressemble a des accents farouches

L e tempo de nos coeurs vaut bien tous les serments

E t l'accord de nos corps parfait éperdument

ASTRID

A l'assaut de tes yeux qui soudain m'arraisonnent

S ans lutter je succombe, résigné mais avide

T ombé suis-je en amour tant ma vie n'est plus vide,

R isque-je l'amour fou tant ma raison résonne ?

I neffables instants où se joue le destin

D élicieuses émotions aux contours indistincts....

AUDREY

A vol d'avion

U ne île faite pour

D ésirs passions

R ien d'autre autour

E t nous irions

Y faire l'amour

AUDREY

A ttention danger amour

U ne fois pour toute méfiance

D iversion voire même détour

R este règle de prudence

E ntre nous jaloux autour

Y veiller garder confiance

AURELIA

A u bout du doux voyage auquel tes yeux m'invitent

U ne fois rassasiés des excès de nos sens

R estera l'essentiel que l'on oublie très vite

E t qui est du bonheur et le feu et l'essence :

L 'amour, cette folie que la raison évite

I neffable aventure de hasard et de chance

A venture impossible qui me tente et m'excite !

AURELIE

A ux raisons de t'aimer platoniques si j'oppose

U ne passion de feu à embraser l'enfer

R ien n'est plus naturel qu'un désir qui s'impose

E t les corps ne connaissent de raison que la chair

L'amant est toujours vain qu'il veuille ou qu'il impose

I l est de ton pouvoir de le traîner à terre

E t de le rendre heureux si enfin tu disposes

AURELIE

A vec dans le regard ce qui perd les marin

U n voile de mystère qui écume les vague

R endant fous tous les coeurs et qui sombrent un par un

E n plongeant dans l'abîme des rêves qui divaguent

L es yeux comme des navires sur des cotes d'airain

I vres de volupté délirent en zig zag

E t meurent sur tes lèvres apaisés et sereins

AURORE

A la recherche d'un matin

U ne aube nouvelle en lavis

R etrouver le goût et l'envie

O uvrir mon coeur à l'incertain

R enaître une nouvelle vie

E n sombrant dans tes yeux mutins

AXELLE

A l'orée du désir quand tout en moi est a-

X é sur ton regard et tes lèvres tentants

E piant ton onde émise et moi-même émettant

L e temps qui n'en peut plus attend le coup d'état

L 'esprit cherche ses maux décisif est l'instant

E t j'ai envie de toi tu le sais et basta !

BADRA

B eauté, c'est ton miroir qui fait fondre la glace

A u détour d'un regard, un regain de chimères

D ire aussi le désir, ce désert que l'Atlas

R etient en l'empêchant de se noyer en mer

A l'instar de mon cœur qui ne tient plus en place

BASMA

B âtirai-je de songes de toi mes nuits artistes

A urai-je de ta beauté un jour le privilège

S avourerai-je heureux les plus doux sortilèges

M ériterai-je le feu de tes yeux améthystes

A ccordant nos deux coeurs dans le plus bel arpège

BEATRICE

B uvant dans tes grands yeux quelque philtre magique

E nnivré de regards qui jouent à un jeu double

A l'orée d'un doux doute sans passion ni panique

T out n'est que confusion en moi, désir et trouble

R ien n'est sur que nos corps qui s'échangent des signes

I nventant des accords harmonieux à venir

C comme des bateaux ivres dérivant dans l'indigne

E t qui coulent en sombrant les moules du plaisir

BENEDICTE

B u dans tes yeux boirai tes lèvres

E nnivrerai de tout ton corps

N e pourrai dissiper ma fièvre

E t brûlerai encore encore

D onnerai du feu à ta flamme

I ncendierai tout tes tabous

C onsumerai jusqu'à ton âme

T e consumerai jusqu'au bout

E t t'aimerai un point c'est tout.

BERANGERE

B riser la glace du miroir

E t laisser vibrer la passion

R isquer de perdre le grand soir

A forcer la révolution

N 'importe ! Je voudrais te revoir

G érant tes envies de promesses

E n militant pour tes désirs

R ivant ta force à mes faiblesses

E tant l'objet de ton plaisir

BETTINA

B elle, vierge aux yeux si clairs, sublime, inaccessible

E gérie de l'artiste et muse du poète

T oi qui m'inspires des rêves indécents indicibles

T e dirais-je le fond de mes pensées secrètes ?

I l est des amours fous que le hasard décrète

N i frontières ni raison ne les rendent impossibles

A u sourire du destin, dis moi si tu es prête ?

BLANCHE

B riser la glace qui nous isole

L ivrer nos corps à leur envie

A vec des baisers sans paroles

N imber de plaisir nos folies

C acher notre passion frivole

H ouleuse et vague au fond d'un lit

E t prendre l'amour sans boussole

BLANDINE

B elle que j'attends plus qu'espère

L e temps d'un songe bref mais intense

A utant ta grâce que ton mystère

N 'ont d'égal que ton charme immense

D is moi tes rêves bleus d'amante

I ndique moi où est leur source

N 'entrave pas ce qui les hante

E t entraîne moi dans leur course

BRIGITTE

B ien des femmes t'envient, les hommes te désirent

R ivés à ton regard qui éclabousse l'or

I ls brûleraient leurs dieux, pour un de tes sourires

G uettant fous impatients que tu souries encore

I ls donneraient leur âme pour un galant délire !

T e laisser ignorer, émouvoir, éconduire

T 'enlever sous leurs yeux vers un aéroport

E t partir pour aimer, et t'aimer à mourir!

CAMILLE

C apté, dans ton regard un signe du destin

A u détour d'un sourire complice et incertain

M agique est le pouvoir qui soudain me dirige

I néluctablement vers toi comme un vertige

L 'amour est un chance qu'il faut savoir saisir :

L e temps d'une passion libérons nos désirs

E t offrons au présent les présents du plaisir

CARINE

C aresses

A quiesce!

R enaissent

I vresses

N oblesse

E t ....laisse!

CARLA

C omme un vaisseau fantôme s'amarre à sa bouée

A u matin d'une nuit de rêveries intenses

R etenant des désirs qui n'osent s'avouer

L aissant les vagues à l'âme d'un amour en partance

A ux sables de ta grève mon cœur vient s'échouer

CAROL

C e serait comme un rêve vécu les yeux ouverts

A u matin d’une nuit pétillante et champagne

R ien n’importerait plus ni l’été ni l’hiver

O n irait amoureux s’inventer des campagnes

L ivrant nos corps au feu du désir mis au vert

CAROLE

C omment savoir comment, pourquoi te dire pourquoi

A tant vouloir connaître, on en perd son latin

R ien n'est plus impossible, je sens je ne sais quoi

O blitérer ma peur d'un timbre libertin

L 'amour n'a pas de loi, la nuit est son complice

E t brûlons de la nuit tous les feux d'artifice !

CAROLINE

C omment savoir comment, pourquoi te dire pourquoi

A tant vouloir connaître, on en perd son latin

R ien n'est plus impossible, je sens je ne sais quoi

O blitérer ma peur d'un timbre libertin

L 'amour n'a pas de loi, la nuit est son complice

I l est vain de lutter contre lui plus longtemps

N e vouons pas nos coeurs et nos corps au supplice

E t goûtons de la vie l'éternel de l'instant !

CAROLINE

C harmant et délicieux mystère

A élucider, purs, tes yeux

R ecèlent, seuls connus des dieux

O n ne sait quels secrets à taire.

L es pénétrer, en prendre empreinte

I néluctablement, paumé,

N e pourrai-je en ce labyrinthe

E trer sans m'y perdre à jamais?

CECILE

C es vers sont pour toi

E crits, redoutable

C ri du coeur sans voix

I ncommensurable

L 'amour tu le vois

E st inévitable !

CELINE

C e qu'il faut dire ou ne pas dire

E n maquillant en allusions

L es regards qui devraient suffire

I ntenses et brefs, à l'occasion

N 'est-ce ainsi que naissent les désirs

E t que se bercent les illusions ?

CELINE

C aressant, voyager jusqu'au bout de ta nuit

E t en bon jardinier, cultiver ton jardin

L oin des sentiers battus, libérer tes envies

I ndicibles de jeux indécents et badins

N 'en déplaise à la prose,n'en déplaise aux Jourdain

E tre le seul poème qui fasse rimer ta vie

CHANTAL

C harnelle

H armonie

A ussi, si

N aturelle

T u es l'anti-

A rtificielle

L 'amante-amie

CHANTALE

C harnelle

H armonie

A ussi si

N aturelle

T u es l'anti-

A rtificielle

L 'amante-amie

E perdue, belle !

CHARLINE

C omment dire ta grâce et comment pouvoir rendre

H ommage à ta beauté, subtile et sensuelle

A vec de simples mots, parfois fous parfois tendres

R imant tous mes désirs absolus essentiels.

L 'envie que j'ai de toi est si pure et sincère

I néluctablement, vers toi seule, je dérive

N aufragé de l'amour, tu es mon phare en mer

E t le destin me pousse comme le vent vers ta rive

CHARLOTTE

C hoisir entre les mots est toujours difficile

H armonie ou beauté, charme ou effet magique

A toi ils te vont tous, et répondent à ton style

R este à trouver le mot résumé synthétique.

L isant de haut en bas une lettre par ligne

O n trouve le nom parfait exprès qui te désigne

T ant mieux donc, car Charlotte me plait et je le clame

T rès haut entre les lignes, pas besoin de réclame

E ntre nous de ces vers tu comprendras le signe

CHLOE

C rier nu sur la plage que je t'aime à la mer

H arnacher ses chevaux d'écumes rêveries

L ibérer ses coraux de ses corolles amères

O rner ton corps de nymphe d'or et d'orfèvrerie

E t avec toi brûler de l'amour l'éphémère

CHRISTINE

C ourage, fuyons devant ces

H ordes de vilains flatteurs

R ien ne sert de devancer

I l faut agir en séducteur !

S éduire n'est pas s'abaisser

T e plairais-je en baisouilleur?

I ncrédule, voire agacée

N e serais tu pas d'ailleurs

E ncline à me repousser?

CLAIRE

C omme je passerais bien

L e plus clair de mon temps

A t'aimer tendrement

I l ne me faudrait rien

R ien d'autre qu'un regard

E clair pour qu'on s'égare!

CLARA

C omment dire les soleils que tes regards embrasent

L es élans de la vie que ton parfum soulève

A vec de simples mots, quand il faudrait des phrases ?

R ien n'est plus interdit que l'amour, qui se rêve

A ux sources du désir où s'abreuve l'extase !

CLARISSE

C omplice d'un regard

L ibéré et lascif

A bsolu c'est si rare

R etenu et furtif

I nstant de pur hasard

S aisi là sur le vif

S i tu veux sans retard

E vitons les poncifs

CLAUDE

C omment te dire pourquoi

L 'envie que j'ai de toi?

A près un long regard

U ne lueur de désir,

D essinée sous un fard

E n un trait de plaisir

CLAUDINE

C e qui me plait chez toi c'est ce que je devine

L a mer de tes cheveux où je viens naviguer

A u matin de tes yeux quand l'aube se fait fine

U ne houle apaisante vient me défatiguer

D érivant vers l'amour l'envie de divaguer

I ngénument vers d'autres îles essences divines

N imbée de ce mystère tu me trouves intrigué

E t dans ma rêverie le désir te dessine

CLOTILDE

C lore d'un tendre baiser tes paupières quand tu t'endors

L ivrer bataille acharnée aux fantômes de mes rêves

O ser braver les orages du désir, défier le sort

T errasser le dragon fou qui s'emporte dans ma sève

I gnorer le feu d'arrêt de ton doigt barrant mes lèvres

L e temps de s'abandonner à un délicieux manège

D élivrer le plaisir pur, qui prisonnier de nos fièvres

E xulte le temps d'un cri, délivré des sortilèges....

COLETTE

C omment trouver des mots nouveaux et insolites

O ser des compliments inédits qui te touchent

L ire mon "je t'aime" astral et comme un satellite

E tourdi de tourner autour de toi faire mouche

T 'adorer m'est facile, te rêver m'extasie

T u es ma seule mire, tu es l'eau à ma bouche

E t je veux boire l'amour jusqu'à la frénésie

CORALIE

C ueillir dans ton printemps les fruits de ta jeunesse

O ffrir à ton destin un dessein de roman

R elaxer le désir libérer la tendresse

A force de t'aimer te connaître vraiment

L ivre moi ton Eden que mes folles caresses

I ncendient nos deux corps vertigineusement

E t que ta source bue je t'abreuve d'ivresses

CORINE

C omme on voit sur la mer les oiseaux en détresse

O ubliant, déroutés, jusqu'au sens du vent

R ien ne peut arrêter dans mes yeux la tendresse

I nsatiable de toi que j'ai rêvée souvent

N e pas te regarder « comme ça » m'est impossible

E t je brûle de t'aimer même si c'est indicible....

CORINNE

C omme les grands oiseaux qui suivent les navires

O n se perdrait ravi, dans ton sillage de femme

R espirant tes effluves qui enchantent et chavirent

I nhalant ton parfum qui brûle jusqu'à l'âme

N i les vents que l'on prend, ni les bords que l'on tire!

N i les phares trompeurs ne mècheront ma flamme

E t naufragé d'amour, j'endurerai le pire !

DANIELE

D ans tes cheveux sentir les moissons de l'automne

A u feu de ton regard, blanchir mes nuits d'hiver

N 'être qu'un seul été, et si l'été t'étonne

I l reste le printemps pour se remettre au vert

E tre en toutes saisons sans être monotone

L'amant d'un jour, toujours plus tendre et plus ouvert

E t qui rit et qui pleure et qui foudre et qui tonne !

DANIELLE

D ans tes cheveux sentir les moissons de l'automne

A u feu de ton regard, blanchir mes nuits d'hiver

N 'être qu'un seul été, et si l'été t'étonne

I l reste le printemps pour se remettre au vert

E tre en toutes saisons sans être monotone

L 'image du désir lorsque ton corps frissonne

L'amant d'un jour, toujours, plus tendre et plus ouvert

E t qui rit et qui pleure et qui foudre et qui tonne !

DEBORAH

D ériver dans tes yeux aux couleurs élégiaques

E xciter sur tes lèvres l'envie d'un doux baiser

B aiser tes seins offerts soleils paradisiaques

O ffrir à ta pudeur quelqu'élan à oser

R ecenser tes odeurs tendres et aphrodisiaques

A ux sources de ton ventre par l'amour attisé

H onorer ta vertu d'essences dionysiaques

DELPHINE

D is moi ce que les dieux t'ont fait pour te faire aussi belle

E t si tu prêtes écoute au commun des mortels

L ivre moi tes secrets et donne moi ton ciel

P our donner à ma vie le goût de l'éternel

H anté de toi je suis et ma raison s'embrume

I nsaisissable esprit qui surgit impromptu

N e vois tu pas combien la passion me consume

E t je renonce au vice pour m'offrir ta vertu !

DELPHINE

D 'elle je ne connais rien, sinon qu'elle est si fine

E t si jeune et si belle et si radieuse aussi

L a douceur de sa peau que le soleil affine

P romet à l'amoureux des frissons si précis.

H alée, elle est un fruit défendu qui me tente

I rresistiblement, sans espoir de pardon!

N e devines tu pas que mon coeur en attente

E xpire transpercé des flèches de Cupidon?

DIALA

D ériver dans tes yeux

I maginer le pire

A ussi le merveilleux

L 'amour est un empire

A vec pour bien le mieux

DIANE

D élivre moi du mal car à la tentation

I l faut que je succombe, si c'est toi qui me tentes

A brège s'il te plait cette infernale attente

N 'attends pas pour répondre à mes tendres attentions

E t donne une occasion à nos lèvres impatientes

DIANE

D eviner sans savoir si nos destins s'accordent

I nventer des moments faits de charme et de rires

A ccrocher le bonheur au fil de ton sourire

N ourrir tous nos instants de l'amour qui déborde

E nrobant nos deux vies d'un halo de plaisir

DJAMILA

D érivant doucement dans le noir de tes yeux

J e sens monter en moi l'amour en majesté

A vec pour horizon ta mauresque beauté

M ajuscule harmonie aux contours si soyeux

I l n'est pas de frontières à l'amour et son Dieu

L ivre nos cœurs complices à un crime concerté

A imons nous Inch Allah sur la terre comme aux cieux

EDMEE

E t nos désirs marins par l'amour encensés

D ériveront au gré des houles qui se lèvent

M élangeant nos caresses aux extases enlacés

E t avant que le temps ne dessèche nos sèves

E n l'espace d'une rose l'amour aura poussé

ELIANE

E vanescente et belle fragile et mystérieuse

L e temps de ton sourire suspendu à ton charme

I ngénu(e) tu ressembles à ces images pieuses

A nnoblies de respect que le désir désarme

N e pourrais-je t'offrir de plus tendres prières

E t t'embarquer bien vite dès demain pour Cythère.

ELISA

E lle est trop belle pour moi, pensais-je timidement

L e courage m'a fait soudain bomber le torse

I l est plus d'abandons que d'échecs vraiment

S e résigner était au dessus de mes forces

A lors lis moi ces vers, sévères évidemment!

ELISABETH

E t si je te disais que la nuit tu m'inspires

L es élans les plus fous de mon cœur amoureux

I l me faut t'avouer que je m'attends au pire

S i transi que je suis mais aussi si heureux

A urais tu dans tes rêves une place pour moi

B riserons nous la glace qui encore nous sépare

E s tu prête à m'offrir de plus amples émois

T out en toi me séduit m'attire et m'accapare

H ormis tous ces aveux m'aimes tu quelque part ?

ELISE

E lle est trop belle pour moi, pensais-je timidement

L e courage m'a fait soudain bomber le torse

I l est plus d'abandons que d'échecs vraiment

S e résigner était au dessus de mes forces

E t je t'envoie ces vers, sévère évidemment!

ELKE

E lle que je veux, te mérite-je?

L ibre d'aimer es tu vraiment?

K ermesse de songes que j'arpège

E n rêvant d'être ton amant !

ELODIE

E t si tu commençais par un M

L a musique serait tendre et slow

O n ne pourrait contenir le flot

D es notes qui veulent toutes dire « Je t'aime »

I l n'y aurait au fond qu'un seul thème

E t l'on improviserait les yeux clos !

ELODIE

E n supprimant le « m » de cette mélodie

L e temps de dire que j'aime et je t'aurai tout dit

O n ne veut jamais croire à ce qui est prédit

D 'ailleurs de ne pas croire il n'est pas interdit!

I l se peut que tu trouves mon présage plus qu'hardi

E t pourtant tu verras, on s'aimera pardi!

ELODIE

E nvoûté par ton charme, comment dire les chimères

L es rêves qui me hantent, les passions qui m'assaillent

O ù la raison réprime un élan éphémère

D e désirs impromptus dans un cœur en bataille.

I l n'est pas de marin qui n'ait peur de la mer

E t des jeunes sirènes qui l'attire en leurs failles

EMELIE

E gérie de mon âme

M odèle de beauté

E ssence de la femme

L uxe de liberté

I nouïe volupté

E xquise qui m'enflamme

EMILIE

E t si tu n'étais que chimère

M irage, miracle ou apparition

I mage fugace et éphémère

L ubie, caprice ou bien vision

I rrésolue comme la mer

E t si tu n'étais qu'une illusion

EMMA

E tre un peu ton erreur

M enacer ton ennui

M 'immiscer dans ta nuit

A ctiver tes ardeurs!

EMMANUELLE

E nvie de toi, plonger dans la mer des délices

M esurer l'infini dans son éternité

M e noyer dans tes yeux, adorable supplice

A la source d'amour, boire la félicité

N i beau-ing, ni faux coeur, éludant les mystères

U nir dans un élan nos mutuels désirs

E t s'aimer dans la nuit, pardi! Partout, par terre

L ivrant nos corps tendus à des rythmes en délire

L ibérer nos pulsions sublimes et délétères

E t vivre à fond l'instant en mourant de plaisir!

ESTELLE

E ntre l'ami et l'amant

S âche bien que je n'hési-

T e pas l'ombre d'un instant

E tre les deux me ravit

L ibère moi de mes tourments

L ivrés à la poésie

E phémère d'un doux moment

ESTELLE

E xtrêmement verte

S ensuelle experte

T oute en pure perte

E t pourtant offerte

L e coeur en alerte

L a raison déserte :

E nvie de toi? Certes!

ESTELLE

E st-ce que l'on saura s'aimer

S ans pudeur et sans limite

T ellement le temps va vite

E t nous brûler sans consumer

L e destin seul sait la suite

L ierons nous nos destinées

E n des amours interdites

ESTHER

E st-ce l' « s » de l' éther

S i je rêve comme un fou

T out me semble délétère

H ormis toi qui es partout

E t je t'aime pourquoi le taire

R ien qu'un rêve un point c'est tout.

EVA

E videmment belle, belle, évidemment

V énus originelle, ingénument

A mour fou charnel, sensuellement!

EVE

E t je t'ai offert ma pomme

V erte et tu l'as trouvée com-

E stible et très bonne en somme !

FARIDA

F ixer figer ton regard

A u delà du souvenir

R etenir le train en gare

I nventer un avenir

D épasser tous les mots dits

A imer jusqu'à l'interdit

FATIMA

F aut il que je te rime

A vec des mots trop sages

T rouver des plans de frime

I nventer des messages

M ystérieux, ingénus

A dorable Inconnue ?

FAUSTINE

F ût il beau cet été que c'eût été futile !

A vouloir s'éviter on s'est vite éperdu.

U n instant a suffi mais d'ailleurs suffit il ?

S i l'instant qui nous prend ne nous est pas rendu.

T out est luxe et désordre insolence et beauté.

I l luit dans ma mémoire comme un soleil têtu,

N imbant mon souvenir de douces voluptés,

E mbrasant tout mon être d'un désir impromptu

FEDERIQUE

F aire ce que bon nous chante

E t s'aimer sans pudeur

D ébrider nos ardeurs

E t nos passions ardentes

R ien qu'un jour une nuit

I ndécente et surtout

Q ue cet instant soit fou

U nique et inouï

E t que l'on oublie tout !

FLORENCE

F ou et la fleur aux dents

L atent désir ardent

O n se cherche on s'attend

R egards flashes imprudents

E moi c'est évident

N e sait évidemment

C omment pourquoi et quand

E tre ou n'être d'amant

FOUZIA

F ût elle futile la tentation de te séduire

O ubliant la distance qui au vol nous sépare

U n mot tendre fait toujours du bien quelque part

Z élé comme l'histoire d'amour qu'il peut induire

I l n'est pas interdit de rêver si c'est par

A mour de la beauté que je ne saurais fuir

FRANCE

F utiles, communs, les mots me semblaient tous futiles

R enversant ton regard, et j'étais renversé

A tteint, touché, coulé, une épave docile

N e sachant plus que dire, interdit, bouleversé

C es vers sont de mon trouble, un reflet bien modeste

E t me reste la vie pour t'écrire le reste

FRANCOISE

F utiles, communs, les mots me semblaient futiles

R enversant ton regard, et j'étais renversé

A tteint, touché, coulé, une épave docile

N e sachant plus que dire, interdit, bouleversé

C es vers sont de mon trouble, un reflet bien modeste

O urlés de cent clichés et d'autres faibles rimes

I ls sont un cri d'amour, qui n'attend plus qu'un geste

S ans craindre du silence, l'insoutenable abîme,

E spérant un écho prochain et sans conteste

FRAUKE

F aut-il donc que je chante l'amour pour te le faire

R isquant mais je l'assume les rimes belles et rebelles

A ssocierons nous deux mots comme love et affair(es)

U ne envie folle d'ivresse dans un élan d'e-mail

K araokément bien saurais-je décider

E t susciter en toi des envies de CD!

FREDERIQUE

F aut il devant le temps qui passe

R etenir les instants propices

E t fuir l'ennui qui nous menace

D ans un instant fait de délices?

E t que l'on s'aime et qu'on s'enlace!

R ien qu'un seul feu sans artifice!

I l nous n'en restera pour trace

Q ue la mémoire d'un jour propice

U n souvenir fou mais fugace

E mouvant secret et complice

GABRIELLE

G are à toi car je t'aime

A le crier partout

B ien plus plus que plus même

R etiens moi ! Je suis fou !

I l est des fois où tout

E st parié dans un cri

L 'amour veut que l'on joue

L e jeu n'a pas de prix

E t parfois l'on perd tout !

GAELLA

G ravée ta marque en ma mémoire comme un choc

A vec une onde qui me parcourt et de trembler

E t de rêver à des folies encore, d'emblée…

L e quotidien me semble flou tout faux tout toc

L a solitude qui va finir par ressembler

A ux jours sans toi mais ma solitude tu t'en moques

GAELLE

G risante et folle, mon émotion

A nimale. D'abord, oui te connaître

E t vivre à fond des sensations

L ibérées de l'amour, peut-être

L e doux bonheur que de renaître

E t de revivre une ambition!

GERALDINE

G ourou je serais bien de tes envies d'aimer

E sclave de tes désirs de tes rêves secrets

R eniant diable et démons, l'oblat sans blasphémer

A l'autel de ton corps le goupillon sacré

L e dire n'est pas le faire, qu'il est long le parcours

D e l'ami à l'amant est entravé d'embûches

I nexplicablement on passe ou l'on trébuche

N 'est pas Casanova qui veut croire en l'amour

E t je me sens si seul et t'appelle au secours

GISELE

G oûter vos yeux, je sais, ne me suffira pas

I l me viendra sans doute des envies plus gourmandes

S ans parler de l'esprit, et il n'y a qu'un pas

E t quand je pense à toi, oui je pense à Fernande

L e problème est de fond, mais je veux le résoudre

E n copain t'offrant de tirer un coup de foudre!

GWENAELLE

G ardons pour nous aimer ne serait-ce qu'un

W eek-end où tu veux quand tu veux tendre et coquin

E t laissons nous porter par notre folle envie

N aturelle qui tend bien à nous rapprocher

A l'amour hésitant, sachons donner la vie

E t aux ailes du désir de quoi nous accrocher.

L ivrons nos cœurs au feu de l'amour qui dévore

L e temps de consumer tous les plaisirs du corps

E t de s'aimer sans fin et de s'aimer encore !

GWENDOLINE

G ravement atteint de toi, envie de partir en

W eek-end, où tu veux, dis, on y va, on part quand?

E t l'on vivera de mer, de soleil et de vent

N 'écoutant que nos corps et nos envies souvent

D élices du matin, dans le bleu des parfums

O deurs qui m'envoûtent et m'invitent à l'amour

L e temps de t'embraser de mon désir d'airain

I nfini comme la vaque sur la grève de nos jours

N' être que ton navire qui se brise à ta houle

E t vient sombrer en toi, quand ton sexe me moule

GWENOLA

G ave moi de ton corps durant un

W eek-end de plaisir échevelé

E t fais de moi ton roi ton valet

N ourri de butiner ton butin

O u dans le passage sous tes reins

L ivré à des forages incertains

A ime-moi à m'en ensorceler

HELENE

H âte de te connaître

E nvie de te rêver

L e laisser apparaître

E nvie de dériver

N aître de toi, renaître

E perdûment peut-être !

HOURIA

H alte au feu ! de tes yeux qui chargés de reproches

O u me tuent ou m'implorent de t'écrire quelques vers

U n poème et les mots qui déjà nous rapprochent

R eviennent à nos mémoires à l'endroit à l'envers

I l est des jeux de mots qui lorsqu'on persévère

A d'autres jeux nous poussent et auxquels on s'accroche

ILHEM

I ndicible un signal dans tes yeux enfanté

L ’espace d'un regard furtivement complice

H ante encore ma mémoire par ta trace envoûtée

E t mes vers se délient imprégnés de délices

M 'inventant en hiver comme un rêve d'été

INES

I rréelle comme une île au milieu de la mer

N ymphe de mes passions, elfe de mes délires

E ssentielle à mon feu comme l'étincelle et l'air

S ultane de mes rêves, reine de mes désirs !

INGRID

I nouïs tes yeux indulgent ton regard

N aturelle ta grâce élaboré ton fard

G igantesque effet le coeur battant chamade

R etenu le souffle l'espace d'une oeillade

I l me faut du temps pour hésiter encore

D evant la beauté que transcende ton corps

INGRID

I nsoumis et rivé aux rives de tes yeux

N aufragé de l'ennui sur des plages de signes

G oûtant dans ton regard qui damnerait les dieux

R essuscité l'amour au delà de l'indigne

I vre je suis de suivre cette impossible quête

D 'oser dire mon désir sans espoir de conquête

IRENE

I l est des fleurs que l'on s'invente

R ien que pouvoir les respirer

E st tout ce qu'on peut désirer

N 'en fait on ou pas une amante

E st du domaine de l'espéré !

IRINA

I l est des mots si vains des discours inutiles

R ien ne peut arrêter le courant de l'amour

I l prend le vent debout et gagne à face et pile.

N e saurais tu m'offrir ce voyage au long cours

A vec tes yeux pour ciel et tes lèvres pour île

ISABELLE

I l faut savoir chasser le doute

S e lancer et sans hésiter

A gir sans craindre la déroute

B riser la glace timidité

E s tu libre d'être complice ?

L 'envie est plus forte que moi

L e feu brûle mes artifices

E t je meurs de désir pour toi !

JEANNE

J e t'ai rêvée fertile

E lastique et agile

A moureuse facile

N ue ingénue nubile

N ée-nue-phare sur mon île

E phémère et fragile!

JEANNE

J e t'écris et m'engage

E t le mot n'est pas vain

A n'être jamais sage

N i par trop libertin

N e vois dans ce message

E spiègle que voeu mutin !

JENNIFER

J e n'y ferai rien et laisserai faire

E t nous verrons bien tout ce qui s'avère

N e serons nous bientôt qu'écume de mer

N ourris de ces bienfaits de l'amour faire

I l est des génies que l'on laisse faire

F aire toutes les folies, folies de la terre

E t si mon génie s'appelle Jennifer

R êvons incognito d'une tendre affaire

JESSICA

J e voudrais tant te dire, les mots que tu attends

E t t'offrir les parfums que les anges respirent

S ans trembler, sans fléchir, sans douter un instant

S ans donner de limites à l'amour qui m'inspire

I vre de t'inventer et de te rêver tant

C omme rêve un bateau quand l'alizé conspire

A sombrer dans l'abysse, naufragé mais content.

JOCELYNE

J e ne me vois pas

O ser faire le pas

C oucher avec toi

E t Coucou, voilà!

L e principe étant,

Y faut-il des gants?

N 'est il moins tentant,

E n gagnant du temps?

JOELLE

J 'aurais aimé

O ser te dire

E t te chanter

L e doux délire

L e tendre été

E t mon désir !

JULIE

J 'ai lu dans le phrasé du geste de ta main

U n signal qui veut dire que tu seras sans doute

L 'amour rêvé hier que je vivrai demain

I néluctablement tout au bout de ma route

E t je me sens depuis, heureux comme un gamin

JULIE

J 'avais peur de ne plus te voir

U n instant j'ai même paniqué

L e roman n'avait plus d'histoire

I y avait une page qui manquait

E t ton sourire me rend l'espoir

JUSTINE

J uste un regard, tu as fait mouche

U ne onde qui m' a terrassé

S ourire esquissé à ta bouche

T rès très envie de t'embrasser

I l me survient une envie mouche

N 'aurais je de toi pas eu assez?

E t folles d'autres tendrement louches!

JULIETA

J 'irai au bout de toi t'arracher des soupirs

U ne gerbe de cris un geyser de désirs

L e temps de conjuguer tous les temps du plaisir

I ndicible indécent insoumis et voire pire

E nnivré de ton corps butiné à loisir

T rouvant dans l'harmonie des accords qui m'inspirent

A ux sources de ton ventre une extase à saisir

KARIN

K önnte ich dich einmal anmachen

A nmachen oder viel mehr mein Schatz

R uf mich an und schenk mir ein Lachen

I n meinem Herzen hast du immer Platz

N ur du allein kannst mein Feuer entfachen !

KARINE

K O debout tes yeux quel coup!

A u coeur OK, je sais c'est fou !

R ien qu'entre toi et moi et nous

I l m'en faudra encore beaucoup

N e me dis rien, souris c'est tout!

E t donne moi un rendez-vous.

KATHARINA

K ant en oublierait la raison pure

A en perdre tout sens critique

T ant de beauté me parait l'épure

H armonieuse du bonheur esthétique

A lors, imagine ce que j'endure!

R endu fou amoureux, pathétique

I l me vient des idées d'aventure!

N e sois pas je t'en prie trop critique,

A l'égard de mes déraisons pures....

KATIA

K atmandou ou Bali sans doute

A utant de voyages inventés

T ous mes rêves mènent à ta route

I l ne me reste qu'à t'inviter

A venir dissiper mon doute

LAETITIA

L a nostalgie de ton regard

A vec ton sourire comme soleil

E t la tentation qui s'égare

T oujours plus loin vers tes merveilles

I néluctable amour bizarre

T outes les voyantes le voient certain

I ncontournable est le destin

A vec ses allures de hasard

LAURE

L e destin nous surprend parfois sans crier gare

A u détour d'un chemin, au hasard d'un sourire

U n jour au bout d'un quai d'un port ou d'une gare

R etenu comme un temps qui ne voudrait finir

E t le printemps renaît pour un nouveau départ

LAURE

L e rire n'est pas le faire

A utrement quelle affaire ?

U ne histoire ordinaire ?

R ien qu'une nuit d'enfer?

E ncore faut-il le taire!

LAURENCE

L e destin nous surprend parfois sans crier gare

A u détour d'un chemin, au hasard d'un sourire

U n jour au bout d'un quai d'un port ou d'une gare

R etenu comme un temps qui ne voudrait finir

E t le printemps renaît pour un nouveau départ

N e serait-ce que pour rire, ne serait-ce que pour croire

C e vertige de toi qui me prend me chavire

E st doux comme un soleil qui embrase le soir!

LAURENCE

L a mer de tes yeux verts n'est qu'un pâle reflet

A u pampre de ta bouche, on boirait la Provence

U n regard et d'amour on se sent regonflé

R ayonnant de bonheur, de printemps en avance

E s tu de ces princesses qui arpentent nos songes

N ue, quand la nuit venue, on s'endort éreinté

C herchant dans quelque rêve que le matin éponge

E perdu un amour que l'on veut s'inventer ?

LEA

L e soir dans tes cheveux

E st simple comme un jeu

A léa que je veux

LEA

L 'envie de te connaître

E nvie folle de renaître

A t'en aimer peut-être

LEILA

L a nuit déjà s'achève

E t l'on s'endort d'amour

I l est toujours trop court

L e temps qui meurt en rêves

A vec le petit jour

LILY

L 'amour passe trop vite à force d'hésiter

I l faut savoir le dire mais sans exaspérer

L e fait est de savoir, si je t'y invitais,

Y viendrais-tu? Laisse moi encore espérer!

LILY

L à-bas tout au bout de mon désir

I l est un pays qui te ressemble

L a vie n'y est faite que de plaisir

Y partirons nous un jour ensemble?

LINDA

L 'amour est comme le jeu

I l nous ruine tôt ou tard

N i serment, ni aveux

D onne toi sans retard

A imons nous si l'on peut

LOLA

L es échos décodés de tes yeux qui me troublent

O ù je me noie déjà avec une envie dingue

L 'éclair de l'amour fou qui me prend et redouble

A deviner ton corps d'un désir qui déglingue

LOUIZA

L e charme est sans frontière et grandit de mélanges

O n l'ignore et soudain il éblouit vos yeux

U ne porte entrouverte, un sourire, est-ce un ange?

I l faut s'attendre à tout et même au merveilleux !

Z ut! J'ai encore été sur ce coup moins qu'habile

A rire sans séduire la trop belle kabyle

LYDIA

L e soleil dans tes yeux joue avec tes prunelles

Y vient y déposer sa lumière si douce

D ans le jeu d'un regard je t'aperçois si belle

I dyllique et sauvage, à peine si je repousse

A u loin de moi l'idée d'un désir trop charnel

LYDIE

L ibre et bien loin de tout tabou

Y a t'il un espoir pour nous

D ' un jour nous aimer sommes des fous?

I l est des envies qu'on avoue

E t qui se dressent contre vous!

MAEVA

M oment fou de tes yeux quand j'y plonge incertain

A rpéjant mon désir, pointillant mon destin

E ssayant de saisir cette lueur subtile

V irgule de l'amour déponctuée de style

A libi de pudeur pour un élan mutin

MAGALI

M agie noire des regards

A lchimie du mystère

G alaxie du hasard

A ux accents de mystère

L e destin qui s'égare

I nsolent délétère

MAGUELONNE

M e faudra t'il chanter ton corps qui m'ensorcelle

A longueur de refrains ta bouche qui m'inspire

G ravement des baisers fous fougueux et même pire

U n faisceau de plaisirs pour nos deux corps pêle-mêle

E ntendras tu l'écho de mon cœur en chamade

L ivrant tous ses émois dans un rythme d'enfer

O ublierai-je tes yeux me clouant en œillades

N 'ayant que moi pour cible et ton sourire offert ?

N 'attends pas que le temps nous rapproche et nous lie

E t viens m'ouvrir tes bras sous le ciel de ton lit

MALIKA

M es raisons de t'aimer sont tellement nombreuses

A les énumérer on passerait la nuit

L a nuit que j'anticipe, éternelle, amoureuse

I rréel et magique exutoire de l'ennui!

K yrielles d'émotions, de passions ténébreuses

A urez-vous le bonheur de trouver un appui?

MANON

M ourir d'amour pour toi comme on dit, je suis pour

A buser de tes grâces accordées sans recours

N e plus savoir ni l'heure ni la nuit ni le jour

O ublier que le temps nous sépare toujours

N e penser qu'à t'aimer et bien te faire l'amour

MARGAUX

M agie d'une rencontre, le hasard bienfaisant

A forcé le destin auquel je me remets.

R ien n'est plus fou que ce qu'on n'ose pas clamer

G randiose est l'aventure, et le jeu séduisant

A vouloir, sous un ciel d'étoiles parsemé,

U ne nuit d'odyssée pour nos deux corps très an-

X ieux impatients d'enfin pouvoir s'aimer

MARGOT

M anque de tact

A ton contact

R até l'impact

G âché le pacte

O.K, dont acte

T rop décontract !

MARIANNE

M ourir d'amour pour un regard

A vec le coeur qui se déchaîne

R ien n'est acquis tout est hasard

I nstants que le destin enchaîne

A vec sa subtile ironie

N ul ne sait pourquoi ça commence

N ul ne sait quand cela finit

E t nous sombrons dans la romance

MARIE

M irage inattendu

A u fruit d'un pur hasard

R este là, confondu

I mbécile et hagard

E bloui par tes fards

MARIE

M ême si je devais te le dire avec des fleurs

A vec des rimes, avec des mots, avec des larmes

R ien ne m'arrêterait, ni les "non", ni les pleurs

I l faut bien que tu saches que mon coeur ne désarme

E t qu'il espère un "oui" en attendant son heure!

MARIE ANGE

M esurant tout l'abîme qu'il nous reste
A franchir pour devenir amants
R ien ne me retient plus et j'atteste
I l faut toujours oser tendrement
E t attendre un signe un oui un geste

A vec humour lis moi et vraiment
N e m'en veut pas d'avoir tenté ce test
G entil, ce n'est qu'un test-amant
E vite moi le « je te déteste » !

MARIE CLAIRE

M irage inattendu

A u fruit d'un pur hasard

R este là, confondu

I mbécile et hagard

E bloui par tes fards

C omme je passerai bien

L e plus clair de mon temps

A t'aimer tendrement

I l ne me faudrait rien

R ien d'autre qu'un regard

E clair pour qu'on s'égare!

MARIE CLAUDE

M irage inattendu

A u fruit d'un pur hasard

R este là, confondu

I mbécile et hagard

E bloui par tes phares

C omment te dire pourquoi

L 'envie que j'ai de toi?

A près un long regard

U ne lueur de désir,

D essinée sous un fard

E n un trait de plaisir

MARIE EDMEE

M ourir pour un baiser, renaître dans un rêve

A u matin de ton corps toujours recommencé

R espirer les parfums qui fleurissent sans trêve

I nondant nos esprits de désirs insensés

E chouant le plaisir naufragé sur ta grève.

E t nos désirs marins par l'amour encensés

D ériveront au gré des houles qui se lèvent

M élangeant nos caresses aux extases enlacés

E t avant que le temps ne dessèche nos sèves

E n l'espace d'une rose l'amour aura poussé

MARIE FRANCE

M ême si je devais te le dire avec des fleurs

A vec des rimes, avec des mots, avec des larmes

R ien ne m'arrêterait, ni les "non", ni les pleurs

I l faut bien que tu saches que mon coeur ne désarme

E t qu'il espère un "oui" en attendant son heure!

F aciles, c'est vrai, ces vers, peuvent sembler faciles

R enversant ton regard, et je suis renversé

A tteint, touché, coulé, une épave docile

N e sachant plus que dire, interdit, bouleversé

C es vers sont de mon trouble, un reflet bien modeste

E t me reste la vie pour t'écrire le reste

MARIE HELENE

M irage inattendu

A u fruit d'un pur hasard

R este là, confondu

I mbécile et hagard

E bloui par tes fards

H âte de te connaître

E nvie de te rêver

L e laisser apparaître

E nvie de dériver

N aître de toi, renaître

E perdûment peut-être !

MARIE NOELLE

M irage inattendu

A u fruit d'un pur hasard

R este là, confondu

I mbécile et hagard

E bloui par tes fards

N erveux et empressé

O ù t'inviter ce soir

E t par où commencer

L e faux pas à prévoir

L es mots qu'il faut penser

E t comment t'embrasser?

MARIE PIERRE

M esurant tout l'abîme qu'il nous reste
A franchir pour devenir amants
R ien ne me retient plus et j'atteste
I l faut toujours oser tendrement
E t attendre un signe un oui un geste

P uisses tu partager mon envie
I l me tarde de t'aimer sais tu ?
E t même si ce n'est pas pour la vie
R isquons nous d'offenser la vertu ?
R ien ne nous retient donc ! Mon avis
E st il aussi le tien ? Qu'attends tu ?

MARION

M ême s'il y a les mêmes chances

A vec toi qu'à la boule

R ien n'est perdu d'avance

I l me faut rester cool

O u jouer la patience

N 'amasse pas mousse qui roule

MARION

M ais oui ça les dérange les résignés aigris !

A vous voir nous aimer à bouche-que- veux- tu,

R êvant d'une aventure pour griser leurs jours gris

I ls nous tancent des yeux et de mots de vertu!

O ublions les on-dit et que les jaloux crèvent

N 'est il amour plus fou que d'aimer comme on rêve !

MARTINE

M 'avouer que je pense à toi plus que devrais

A ttendre dans la rue juste pour te croiser

R etenir une envie folle qui me prendrait

T e voyant de te prendre te couvrir de baisers

I l n'est pas de folie que ne pourrais oser

N 'en déplaise à d'aucuns un jour je te plairai

E t loin bien loin d'ici sûr je t'emmènerai

MATHILDA

M êler nos coeurs mutins

A u bout d'une nuit fauve

T ransis dans le satin

H âtif d'un matin mauve

I ngénus incertains

L 'amour qui seul nous sauve

D 'un trop morne destin

A languis dans l'alcôve

MAUD

M essage émis ! Es tu émue ?

A utrement je serais déçu !

U n coup de foudre étrange et mu

D 'un désir qui cherche un reçu !

MAUD

M ais oui j'ai les sens à cran !

A cacher ce qui m'érode :

U ne envie très grand écran

D e passer ma nuit chez Maud!

MELANIE

M ais l'amour que je bois d'un trait

E st beaucoup plus qu'apéritif

L e goût est fort roboratif

A l'image de ton portrait

N e subjugues tu qu'au subjonctif?

I l me faut percer tes secrets

E n des élans interactifs

MELINA

M agie, mirage du hasard

E t nos yeux qui se pénètrent

L e temps d'un flash d'un regard

I néluctable peut-être !

N ul amour n'est en retard

A qui veut le reconnaître!

MELISSA

M use aux rimes de chair quand s'amusent mes rimes

E llipse de mes mots motivés par l'ellipse

L ibérée de ton galbe où en haut ton éclipse

I nnonde la pensée où mon désir s'arrime

S eras tu la complice accomplie d'un doux crime

S ensuel savouré jusqu'à l'apocalypse

A u bord du plaisir fou avec l'amour en prime

MELUSINE

M e serais-je mépris quand dans tes yeux sucrés

E perdu le désir a frémi un instant

L e temps de composer et de te consacrer

U ne symphonie folle pour deux cor(p)s exultants

S i le hasard fait bien les choses faisons fi

I néluctablement de toute réticence

N 'hésitons pas surtout à relever ce défi

E t goûtons au plaisir comme en toute innocence

MINA

M ême si tu n'étais que chimère

I l me faudrait te controuver

N e serait-ce pour qu'enfin trouver

A bout de souffle, une île en mer!

MIREILLE

M êlant dans un regard des élans de tendresse

I nouïs et subtil le désir du désir

R ien en moi ne résiste à l'appel de l'ivresse

E t je suis comme voile sous le vent du plaisir

I l est des océans comme ventre de femme

L a mer recommencée nous emporte en sa danse

L a houle flue et reflue en de vagues cadences

E perdus mais heureux nous sombrons corps et âme

MONA

M esurer le désordre où me met le désir

O uvrir le temps des rêves et t'y mettre dedans

N ourrir de nostalgie le futur du présent

A ligner sur tes yeux l'horizon du plaisir

MONIQUE

M ême le plaisir est dans l'attente

O n attend tant qu'on est nerveux!

N e sens tu pas ce que je veux ?

I l faut pourtant bien que je tente :

Q ue faut il donc que je t'invente ?

U ne nuit fauve, un rêve bleu

E t l'idée d'amours indécentes

MORGANE

M 'ennivrer de tes yeux

O ublier l'insipide!

R êver le merveilleux

G raver l'amour rapide

A ller-retour aux cieux

N'en descendre qu'avide

E t comblé comme un dieu

MURIEL

M ême si je suis trop, même si je suis fou

U ne fois dans ma vie, mais que ce soit pour vous !

R eculer? Impossible et d'ailleurs je l'avoue

I mpertinent, je suis mes désirs jusqu'au bout

E st-ce trop demander qu'un simple rendez-vous

L ibre à toi de dire oui, de m'appeler, c'est tout !

MYRIAM

M 'inviter dans tes yeux passant sans crier gare

Y mêler mes désirs et mes ravissements

R ien ne m'est plus facile et si je m'y égare

I l est bon de rêver en songeant doucement

A tout ce qui m'attire, à tout ce qui m'attend

M agie folle de l'amour, miracle d'un regard

NADIA

N e ressens donc tu pas mon trouble et mon émoi

A ta vue quand je fonds sans le laisser paraître

D ominant les pensées qui s'emparent de moi

I nexorablement. J'avoue j'ai envie d'être

A imé de toi toujours et ton amant peut-être

NADEGE

N'abuse pas de tes yeux ou sinon à toi gare

A tant étinceler le feu finit par prendre

D ans le cœur de la même l'allumant d'un regard

E t de trop consumer ne laisse que des cendres

G are aux yeux que l'on cherche et aux corps que l'on tente

E n d'innocents clins d'œil chargés d'amours latentes

NADINE

N omade est le désir qui hante nos regards

A u delà des sourires sous les feux des lasers

D u silence et des mots qui s'égarent.

I nsoumis sont les rêves qui comme des geysers

N ourrissent d'illusions l'écume du désert

E t nous laissent épuisés, amoureux et hagards

NADINE

N e serait-ce qu'en un trait, une ébauche, une épure

A u détour d'un regard, un accord esquissé

D énué d'artifice simple direct et pur

I nnocent illusoire un désir épicé

N ée sans loi ni raison une folie subtile

E mbrase mon esprit en quête d'une idylle

NANOULA

N ul ne sait que les astres t'ont inscrite dans mon thème

A lexandrie, Athènes, Luxembourg, la Lybie

N 'importe où où je vais je peux dire que je t'aime

O ù que tu sois tu es belle, j'ai un alibi

U ne vie avec toi est un rêve trop court

L e temps passe et chaque heure est un nouveau baptême

A u bonheur je rends grâce, je rends grâce à l'amour

NATACHA

N 'hésite surtout pas à me dire que tu m'aimes

A me dire que tu veux t'envoler avec moi

T out ces mots que l'on vit comme on dit un poème

A vec dans le frisson une pincée d'émoi

C ours accours je veux je t'appelle je t'attends

H ardis soyons hardis, osés soyons fous même

A l'amour livrons nous sans plus perdre un instant

NATHALIE

N e m'en voudras tu pas après ces quelques lignes

A urais-je dû me taire sagement dans mon coin

T 'attendant, espérant de toi un jour un signe

H ardiment esquissé, dessiné avec soin ?

A urais-je dû plutôt, venir à toi plus vite,

L e dilemme était grand, il me fallait choisir :

I l n'est de mauvais pas que les pas qui hésitent

E t de ne savoir pas, il n'y a rien de pire !

NICOLE

N e serait-ce que par jeu, j'aimerais bien me voir

I rrésistiblement attiré par tes yeux.

C e vertige de toi qui me prend me chavire

O ffre à mon coeur blasé un espoir merveilleux

L e temps de ton regard qui s'écoule en sourires

E st doux comme un soleil qui embrase le soir

NORA

N i le temps ni l'espace ni la froideur qui blesse

O nt pouvoir d'altérer ma forme et mon bonheur

R ien ne peut résister à mon cœur sans faiblesse

A force de désir tout arrive en son heure !

ODILE

O n dit toujours que c'est facile

D 'aimer, faut il le faire savoir!

I l faut oser être débile

L ibérer un mot de comptoir

E n un « Quand je te croque Odile »?

ONDINE

O n croyait voir le ciel on aurait dit la mer

N i tes yeux ni ta bouche n'avaient d'écho amer

D ans un instant magique le temps s'est arrêté

I mmobile ébahi balourd je suis resté

N e sachant trop que dire ni par où commencer

E t le temps d'un sourire toi tu m'as enlacé

PASCALE

P eut-être oseras tu esquisser un sourire

A u bout de ce poème quand s'éteindront les rimes

S 'il t'ennuie, je t'en prie, cesse le de le lire

C ar ce qui suit est vain, sans effet et sans frime

A vec toi j'ai envie d'aimer jusqu'au délire

L 'humour est alibi si l'amour est un crime

E t pour mieux faire les deux, il faut que l'humour prime

PATRICIA

P eut-être un jour

A vec le temps

T rouver l'instant

R éservé pour

I nespérés

C âlins, tendresse

I nachevée

A vec ivresse !

PATRICIA

P our un baiser de toi, autant que je l'avoue

A utant bien que tu saches que je suis prêt à tout

T 'emmener loin d'ici et partir n'importe où

R isquer le ridicule ou l'être jusqu'au bout

I l ne m'importe plus de te paraître fou

C 'est que je le suis, de toi, et par-dessus tout

I l est sûr que je t'aime, un peu comme un tabou

A la folie passionnément beaucoup !

PAULETTE

P ourquoi garder secret ce délicieux frisson

A u fond de ma mémoire, comme un doux vent d'été

U n rien qui resurgit, les mots d'une chanson....

L a nostalgie n'est plus, dit-on ce qu'elle était!

E t ces mots qui me troublent et qui tant me troublaient

T out doucement me bercent tout comme ils me berçaient

T oujours esquissent en moi l'envie folle d'être ivre

E t de toi être gris et grisé de te vivre

PAULINE

P our un rêve d'amour que je garde secret

A u fond de ma mémoire, comme un doux souvenir

U n regret qui renaît ou que je me recrée

L e destin qui passait qu'on a pu retenir

I l est des amours fous que l'on n'a pas su vivre

N i oser exprimer, qui cherchent à revenir

E t qui nous grisent encore de l'envie d'être ivre

PEGGY

P our une nuit d'amour, j'irai jusqu'en enfer

E t plus loin même encore si plus loin il y a

G rimper le mont Olympe les Andes, l'Himalaya

G ravir sur les genoux tous les temples Maya

Y cueillir de l'amour pour mieux te le refaire

PEGGY

P ris au piège comme un bleu dans le vert de tes yeux

E n larguant les amarres d'un regard intrigué

G risé comme un enfant devant le merveilleux

G îtant comme un navire du gros temps fatigué

Y trouvant une mer où pouvoir naviguer

PHISNOZE

P longé dans un tourment qu'on pourrait dire bénin

H anté par ton image dans le blanc de ma nuit

I nsoumises mes pensées se perdent où me mène un

S ubtil et doux désir de déflorer l'ennui

N i le temps ni les mers ne séparent nos rives

O n peut vivre de rêves ou les vivre vraiment

Z apper de fleur en fleur en attendant qu'arrive

E t l'amour et le jour où nous serons amants

REBECCA

R ien ne me permettait de croire au coup de foudre

E t pourtant j'ai les yeux encore pleins de ta poudre

B éni soit le destin qui nous met face à face

E t qu'advienne ce que doit et vive ce qui se passe

C es mots sont un aveu qui veut tenter sa chance

Ce que je vis et te confie en confidence

A des couleurs d'amour, à venir, en partance

REGINE

R ien n'est plus exaltant que de voir dans tes yeux

E mouvants comme le soir qui tombe sur la grève

G randir comme un soupçon d'un intérêt curieux...?

I l me vient à penser que je vis dans un rêve!

N e change rien surtout, ce rêve est merveilleux

E t les histoires d'amour si fragiles et si brèves!

REGINE

R êvant d'une autre vie, où nous pourrions ensemble

E nnivré de tes yeux aux regards exacts

G oûter à l'amour fou. Et d'y songer je tremble

I nventant pour nos corps de plus tendres contacts!

N e serait-ce qu'un rêve? Tu me troubles et m'attires

E t j'espère le meilleur en redoutant le pire

ROSA

R isquer de te faire fuir

O ser te faire la cour

S ans te parler d'amour

A vant de te séduire !

ROSE

R êver de femme fleur

O ser te faire du charme

S 'emparer de tes armes

E t t'aimer sans un pleur !

ROSE-MARIE

R eçu message 5 sur 6

O rigine lèvres ingénues

S igne d'un bonheur en sursis

E mis par un coeur mis à nu

M agie des mots magie des sens

A utour d'un jeu, Thème impossible

R eflet d'envie, envie d'essence

I vresse de la flèche pour la cible

E ntre-aperçue est-ce un hasard

ROXANE

R endez-vous dans tes yeux avec l’amour peut-être

O u avec le désir qui me fait manquer d’O-

X ygène, de mots aussi mais je me sens renaître

A u contour de tes lèvres au galbe de ton dos

N e vois tu pas l’amant que cache encore l’ami

E t qui brûle de brûler tout ce qui est permis

SABINE

S avourer cette attente

A vec l'envie de toi,

B izarre déconcertante

I ngénue déroutante

N aïve aussi parfois.

E s tu toujours partante?

SABRINA

S avoir que je te tente

A voir envie de toi

B riser enfin l'attente

R etenue de l'émoi

I ngénue déroutante

N aïve aussi parfois

A ime moi tu m'enchantes

SABRINA

S oumis à ton regard vif

A llumeur futé furtif

B rûlant précis décisif

R isqué moqueur attentif

I nquiet malicieux pensif

N omade aimable évasif

A ffirmé affirmatif!

SALOME

S ous le phare du désir érigé pour la fête

A l'orée du delta où vient jaillir l'écume

L e temps s'est arrêté le temps d'une conquête

O urlant dans son reflux ton corps d'algues et de plumes

M ourir noyé en toi au fort de ta tempête

E reinté de plaisir et divaguant de brume

SAMÏA

S i tes yeux si brûlants osaient me caresser

A vec autant d'envie que les miens te caressent

M es lèvres vers tes lèvres oseraient s'élancer

I nduisant un désir infini de tendresse

A vec la faim de ceux qui n'en ont pas assez.

SANDRA

S avoir pouvoir te faire savoir

A vec des rimes pourquoi je

N e puis pas ne pas te revoir

D e peur de me perdre à mon jeu

R ien n'est plus fou que mon espoir

A utant peut-être l'est cet aveu.

SANDRINE

S avoir pouvoir te faire savoir

A vec des rimes pourquoi je

N e puis pas ne pas te revoir

D e peur de me perdre à mon jeu

R ien n'est plus fou que mon espoir

I l est plus fou que cet aveu.

N e serait-ce point dérisoire

E ntre nous d'étouffer ce feu?

SARA

S avoir te dire pourquoi, je ne sais pas vraiment

A utant te l'avouer et te le dire crûment

R ien ne s'oppose à nous, sauf toi évidemment

A moins que toi non plus, je t'aime assurément

SARAH

S avoir te dire pourquoi, je ne sais pas vraiment

A utant te l'avouer et te le dire crûment

R ien ne s'oppose à nous, sauf toi évidemment

A moins que toi non plus, je t'aime assurément

H umour à la Gainsbourg, bourré évidemment !

SEVERINE

S évère flash pour toi ces vers in-

E spérée surprise grand déclic

V ertige et bombe anatomique

E xquise étrange Séverine

R este à savoir pourquoi comment

I ntégrer cet instant fragile

N é d'un regard éclair facile

E t être plus qu'un test amant!

SOLENE

S 'il te faut des nuits fauves du mauve sur mes mots

E t des près d'imprévus de luxe et de luxure

L es chutes du Zambèze mouillant tes oripeaux

E ntre peur et magie entre mort et morsure

N 'aie pas peur de venir te brûler à ma peau

E t offrir à mes lèvres le feu de ta blessure

SONIA

S onia qu'y penses tu?

O ù est la vertu

N ichée? Mais têtu

I l me vient pointu

A utre thème obtu!

SONIA

S ur la mer de l'ennui comme un île enchantée

O ù le marin rêveur rêve de se naufrager

N ul ne sait les chimères qu'il a pu s'inventer

I l dérive éperdu par le flot soulagé

A u charme de son île se laissant envoûter

SOPHIE

S agesse ton nom bien sûr sagesse

O ublier que l'on a vingt ans

P rimer la raison sur l'ivresse

H ésiter le corps exultant

I l n'est de sage que la jeunesse

E t sagesse ne dure qu'un temps !

STEPHANIE

S ensuelle et sans suite comme aurait dit Gainsbourg

T u portes provocante le désir comme un style.

E ntre nous, je te sais ni froide ni hostile

P our trop rêver de toi dans mes contes à rebours

H ormis toi il n'est pas d'aventure exaltante

A stre qui dans sa course embrase mon zénith.

N 'importe quelle étoile, fût t'elle ou non filante

I ncontrôlée ou non devient un satellite.

E t toi quand viendras tu rejoindre mon orbite?

SUSANA

S i on avait pu me dire, si on m'avait dit

U n seul mot sur ton sourire, je n'aurai jamais pu

S avoir comment te séduire, je n'aurais su pardi

A vant ce que veut dire, que l'amour au vécu

N 'aurai-je pu prédire, ce qu'aujourd'hui je vis

A vec tant de plaisir, malgré le temps perdu!

SUZY

S oudain sur mon radar une onde de désir

U n regard puis plus rien je ressombre en ennui

Z ut ! J'aurai bien aimé voyager dans ta nuit

Y allumer le feu d'un volcan de plaisir

SYLVIA

S i je devais pour toi m'envoler sur la lune

Y viendrais tu parfois, bercer mes clairs de terre

L e silence y est doux lorsque descend la brune

V ers le soir quand m'emplit ton si tendre mystère

I l est des envies bleues qui me prennent importunes

A u pied d'un grand volcan qui est las de se taire !

SYLVIE

S i je devais pour toi m'envoler sur la lune

Y viendrais tu parfois, bercer mes clairs de terre

L e silence y est doux lorsque descend la brune

V ers le soir quand m'emplit ton si tendre mystère

I l est des envies bleues indécentes importunes

E t des volcans d'amour qui sont las de se taire !

SYLVIE

S evré de toi comme un junkie sans méthadone

Y a t'il une issue si ce n'est replonger

L a mangue de ton sexe et tes seins de Madone

V iennent blanchir mes nuits et mon coeur est rongé

I l dérive inconscient de désir en danger

E ntre manque et raison. Quand on aime on pardonne....

TESSA

T ravelling sur toi vertical

E t zoom sur ton corps si tentant

S i aussi belle horizontale

S ublime esprit transcendantal

A lors là je craque vraiment !

TINA

T rouvée comme un espoir au hasard de ma route

I naccessible étoile tant de nuits nous séparent

N uits de rêves et d'ivresse quand affranchi du doute

A u soleil de tes yeux je demande ma part

TINA

T rouver des harmonies

I nventer des accords

N ouveaux à l'infini

A rpègés sur ton corps

VALERIE

V isage de Madone

A llures de princesse

L ibérée tu me donnes

E nvie de ces faiblesses

R êvées qu'on se pardonne

I vres au bout de l'ivresse

E t que l'amour ordonne.

VANESSA

V iens, qu'on s'en aille n'importe où !

A vec la nuit pour seul témoin

N ous enivrer d'un amour fou

E namourés au jour qui point

S avourer les moments trop doux

S i tu veux nous irons très loin

A bouche que veux-tu qui veut tout !

VERONICA

V ertige grain de beauté qui enrichit la bouche

E phémère évidence comme un point sur un « i »

R écif perdu en mer que seule l'écume touche

O u point de mire d'amour en remède à l'oubli

N 'es tu qu'un phare au loin des chimères impossibles

I le au trésor offerte au marin naufragé

C omme un grain de folie indécent indicible

A ux confins du désir envie envisagée

VERONIQUE

V énus en est jalouse quand tu sors de l'eau

E t les peintres ébahis, en oublient leur pinceau

R ien n'est plus somptueux, sensuel et plus beau

O ! D'y rêver, j'en ai des frissons dans le dos!

N 'es tu donc que mirage, apparition, chimère

I rréelle beauté ambrée par le soleil

Q ui embrase mes sens de sa tendre fraîcheur

U n rêve de sirène, dont le chant me réveille

E t me donne l'envie d'aimer à cent à l'heure!

VERONIQUE

V ivre aux confins de toi sans pouvoir te connaître

E t t'aimer sans raison dans le jeu d'un regard

R isquer dans un sourire d'autres moments à naître

O ublier qu'on se trouve souvent quand on s'égare

N e penser qu'à demain et à deux mains saisir

I mpatient le destin qui n'a pour avenir

Q ue ton corps quand tes seins épanouis m'émeuvent

U rgeant ces cris venant du fin fond du plaisir

E t de ta source folle où mon désir s'abreuve

VIRGINIE

V iens ce soir si tu veux, m'offrir tes yeux de biche

I l n'est rien que l'amour n'empêche et n'interdise

R ien tu ne porteras par dessous ta chemise

G onflée par tes deux seins qui se tendent et se fichent

I nsolemment du lin que leur pointe déchire

N ue tu seras vraiment offerte à mes caprices

I ngénue libertine ouverte à mes délires

E tendue sur la soie d'un torrent de délices

VIVIANE

V oir ta beauté me fige

I ndubitablement

V ertige tes yeux m'obligent

I néluctablement

A dire que je m'érige

N aturellement

E n amoureux ! Que dis-je ?

VIVIANNE

V ifs, tes yeux pris sur le vif

I nsoumis les miens qui traquent

V ainement le décisif !

I nstant magique quand le trac

A lors me prend. Que te dire ?

N 'être ni banal ni fou

N e rien tenter, risquer tout ?

E t voir se faner ton sourire ?

XUAN

X ylophonant ton corps au feu de mon désir

U nissonnant nos coeurs dans une symphonie

A rpéjant notre envie d'exploser de plaisir

N ous ne sommes plus qu'un d'amour et d'harmonie

YASMINA

Y voir, dans l'envie que j'ai de te voir

A vec plaisir et constance, sans nul doute

S ûrement même un attrait très fort, voire

M ême un espoir, et si j'osais j'ajoute

I nsensé un désir fou illusoire

N é d'un jeu de regards croisés en toute

A bsence de mobile, divin hasard !

YASMINA

Y croire ! Croire que dans tes yeux noirs, l'on pourrait boire

A l'amour qui pourrait fleurir dans un regard

S avourer ta beauté que jalouse le soir

M aîtriser le destin, recommencer l'histoire

I nutile de cacher le désir sous le fard

N aturel il est là évident dérisoire

A tant rêver d'amour, on finit par y croire

YOLAINE

Y devrais-je passer mes nuits blanches et stériles

O u ces jours gaspillés en de fugaces doutes

L 'âme à feu et à cri et le corps en déroute

A u bout de l'insomnie, au delà du futile

I l me faudra t'écrire tout cet espoir fertile

N 'en déplaisent à tous ceux qui entravent ma route

E n pensant arrêter notre amour si subtil.

YSMA

Y peut-on quelque chose ? C'est le destin sans doute

S ouverain de nos jeux, au jeu providentiel !

M ourant de faim de toi, assoiffé sur ta route

A ta source d'amour, je veux boire l'Essentiel!

ZELINE

Z élé d'elle, voyager jusqu'au bout de sa nuit

E t en bon jardinier, cultiver son jardin

L oin des sentiers battus, libérer ses envies

I ndicibles de jeux indécents et badins

N 'en déplaise à la prose, n'en déplaise aux Jourdain

E tre le seul poème qui fasse rimer sa vie...

ZOE

Z ut, j'ai omis de te dire

O combien je te désire

E t que je m'attends au pire !

Ce livre a été réalisé avec le soutien de

CALBERSON HELLAS
Athènes

APART
Paris

et

Imprimé en France. - JOUVE, 11, bd de Sébastopol, 75001 PARIS
N° 348200T. - Dépôt légal : Mai 2004